ÉLOGE DE Me MARIE

Paris, Imp. H. Carion, 64, rue Bonaparte.

CONFÉRENCE MARIE

ÉLOGE

DE M^E MARIE

Prononcé dans la Séance du 9 janvier 1872

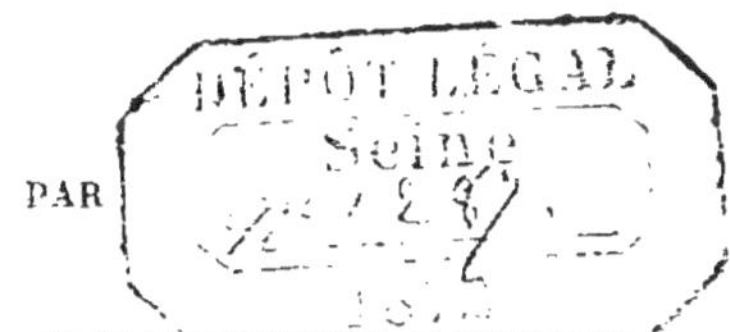

PAR

M. Gustave OLLENDORFF

PARIS
IMPRIMERIE DE H. CARION
64, RUE BONAPARTE, 64

1872

ÉLOGE DE M^E MARIE

Messieurs,

Au moment d'aborder la tâche que vous m'avez fait l'honneur de me confier, je ne saurais me défendre d'un sentiment de défiance bien naturel à l'égard de mes propres forces. Non pas qu'il puisse sembler difficile, même au plus indigne d'entre vous, de faire l'éloge de M. Marie : raconter la vie d'un tel homme, c'est déjà faire son éloge, mais peut-être aurait-il fallu pour bien remplir ce pieux devoir un de ces élèves comme les aimait tant notre regretté président, assidu à la tâche, infatigable au travail et ne quittant l'étude que pour les douces joies de la famille. A défaut de ces points de contact, j'ai un amour profond pour les convictions qui ont été celles de M. Marie, et un singulier respect pour la profession qu'il a tant contribué à illustrer ; d'autres auraient pu être moins convaincus que moi à ce sujet et auraient été comme moi forcés de vous dire en commençant :

Meliora video proboque, deteriora sequor!

Vous savez tous, messieurs, pourquoi ma faible voix est appelée à un si haut ministère. M. Marie nous avait permis de placer nos travaux sous les auspices de son nom ; il avait fait plus encore ; il avait tenu à nous accorder un gage éclatant de sa précieuse sympathie en venant lui-même diriger nos débats. Il nous donna, vous vous en souvenez comme moi, les préceptes qui l'avaient guidé dans sa longue carrière : « Le travail, nous dit-il, fut la loi constante de ma vie. » Vous vous rappelez, messieurs, cette affabilité digne et calme avec laquelle il vint s'asseoir au milieu de nous, et peut-être avez-vous encore présente à la mémoire la bienveillante patience que cet homme éminent, qui avait eu l'honneur de présider aux destinées de son pays, mit à relever les erreurs de celui-là même qui lui rend aujourd'hui devant vous un dernier tribut de regret et de respect.

Modestie, travail, probité, la vie de M. Marie est tout entière en ces trois mots : ce sont là les traits principaux de ce grand caractère, ses premiers titres de gloire dans l'exercice de sa chère profession et dans la défense de ces principes élevés dont sa vertu rehaussait encore l'éclat.

M. Marie est né à Auxerre le 15 février 1797. De bonne heure il se fit remarquer par des dispositions peu ordinaires et de précoces succès de collége furent pour lui ce qu'ils sont souvent, le gage de succès futurs plus durables et plus éclatants. A vingt-deux ans il vint à Paris soutenir brillamment sa thèse de licence, et il prenait place immédiatement dans les rangs des jeunes avocats qui se faisaient connaître au Palais.

On le remarquait dans les conférences particulières ; on le remarquait à la conférence des avocats, où son débit élégant, sa parole sobre et distinguée lui avaient de suite concilié les suffrages de ses rivaux ; on le remarquait encore quand il venait d'office plaider au criminel. Il trouva dans cet exercice salutaire, qu'il a toujours recommandé à ses disciples, l'occasion de déployer ces qualités brillantes qui lui ont assigné dans l'histoire du barreau français une place si distinguée. Pour M. Marie qui, suivant l'heureuse expression d'un discours récent, avait « la terreur plutôt que la passion de plaider, » il y avait du dévouement à venir mettre au service de causes souvent ingrates, toujours difficiles, les ressources d'un talent auquel de fortes études philosophiques et historiques avaient donné un puissant cachet d'originalité et l'autorité d'un caractère qui déjà savait imposer le respect.

Pour raconter ses succès, il faudrait vous citer, Messieurs, toutes les grandes affaires qu'il a plaidées. Dans la discussion des thèses juridiques éclatait surtout la supériorité de son inimitable talent, et l'on dit encore au Palais qu'il y est demeuré sans rival. Mieux que personne il savait aussi, sans jamais abandonner son sujet, quitter le texte, ou plutôt s'en servir pour remonter au principe, et les hommes de sa génération ont encore présentes à l'esprit les grandes causes civiles auxquelles il prêta l'appui de son savoir et de sa parole.

Il était jeune encore et déjà on lui confiait des procès d'une importance capitale. Des commissionnaires restés en dehors de « l'Association de la commission et du roulage de Paris » trouvèrent leurs intérêts gravement compromis par cette société; ils chargèrent M. Marie de soutenir leurs griefs. Voici comme s'exprime à son sujet une revue du temps : « Au lieu de rabaisser sa discussion aux proportions mesquines d'une question de mots, au lieu de se traîner péniblement sur le texte d'un article, l'orateur sut s'élever aux considérations qui ont dirigé le législateur, rattacher sa cause à la lutte de la concurrence contre le monopole et allier la logique du jurisconsulte à la science de l'économiste (1). »

Pour expliquer de pareils résultats, est-il nécessaire de dire, Messieurs, le travail constant, le dévouement sans bornes, les

(1) Sarrut et Saint-Edme, *Biographie des hommes du jour.*

soins non interrompus donnés à chaque affaire. « La fonction de l'avocat, dit Labruyère, est pénible et laborieuse, sa maison n'est pas pour lui un lieu de repos et de retraite, ni un asile contre les plaideurs ; elle est ouverte à tous ceux qui viennent l'accabler de leurs questions et de leurs doutes. Il se délasse de longs discours par de plus longs écrits ; il ne fait que changer de travaux et de fatigues. » Ce rare et judicieux esprit auquel appartiendra éternellement le privilége unique peut-être d'une originalité toujours jeune, ne semble-t-il pas avoir fait hier son portrait de l'avocat, et l'avoir fait pour ceux qui comprennent leur mission comme l'a comprise M. Marie.

Mais ses opinions politiques bien connues, ses excellents articles dans différentes revues auxquelles il consacrait les fruits de ses laborieux loisirs, la nature même de cet esprit élevé, qui savait dans les causes les plus simples arriver sans effort aux plus hautes généralités; tout cela devait l'amener bientôt dans ces procès où « la conviction du citoyen soutient, passionne, enflamme le talent de l'avocat, » (1) à défendre les accusés politiques, qui, sous la monarchie de Juillet, se pressèrent si nombreux sur les bancs de la cour d'Assises. Dès décembre 1830 il soutenait ces hommes, c'est lui qui parle, « ces hommes à la raison élevée, au caractère fier et énergique, dont la conscience pure s'est révoltée à la vue d'une magnifique conquête gaspillée par des ambitieux. »

Il sortit avec un succès éclatant de cette épreuve difficile, délicate et décisive pour l'avocat. Le retentissement qui s'élève autour des procès politiques a, vous le savez mieux que moi, Messieurs, cet effet singulier de mettre en pleine lumière les grands orateurs, pour rejeter dans l'ombre ceux qui sont incapables d'affronter les périls d'une renommée partout discutée.

(1) Discours de Me Rousse, 2 décembre 1871.

Les uns restent obscurs, ignorés de la foule, cherchant en vain à se faire aux dépens de leurs clients, à défaut de situation politique, une popularité boîteuse ; les autres dont la politique n'est pas la seule ressource et qui ne sauraient la prendre comme le pis-aller d'une jeunesse impuissante ou l'expédient désespéré de quelque crise pécuniaire, les autres arrivent d'un coup à la popularité et s'essaient à gouverner le pays lorsqu'ils ont prouvé qu'ils savaient se gouverner eux-mêmes.

Tel fut le sort de M. Marie. Ses plaidoyers politiques sous la monarchie de Juillet portent tous le cachet d'une opposition de principe contre un gouvernement dont il ne craint pas de dire, « le gouvernement actuel n'est qu'un gouvernement de fait. » Pendant quinze ans on voit son nom partout où l'on proteste contre le malentendu de 1830. C'est lui qui va défendre Pénard impliqué dans la conspiration du Pont-des-Arts : « Parmi les accusés, raconte une brochure de l'époque (1), le client de M. Marie n'était qu'un conspirateur de deuxième ordre ; l'avocat va grandir sa cause et trouver dans les considérations politiques les plus élevées un admirable plaidoyer. » Il voit dans l'accusation un but et un moyen politique, il le signale à l'attention publique. Il y a dans cette plaidoirie des accents d'une vigueur et d'une énergie dont les plaidoyers actuels n'offrent qu'un reflet pâle et sans éclat. « Ces hommes de Juillet, dit-il, ils ne pouvaient échapper à leur destinée ; vaincus, ils appartenaient de droit aux échafauds de Charles X ; vainqueurs, on leur a prouvé bien vite que le pouvoir ne presse qu'avec répugnance et terreur les mains assez puissantes pour briser des trônes. » Et plus loin : « Tolérance à ces jeunes imaginations qui ne croient à la République que parce qu'elles croient encore à la vertu... La couronne arrachée aux jours de Juillet

(1) Sarrut et Saint-Edme : *Biographie des hommes du jour.*

traîne encore sur le sol de la France, tolérance pour les hommes de cœur qui s'en affligent et s'en irritent. Messieurs, nous avons déjà fait trop d'emprunts à la Restauration. Ah! laissons-lui du moins ses souvenirs sanglants, ses conspirations, ses échafauds. » Et l'auditoire était ému et le jury acquittait au souvenir de ce grand élan de liberté qui avait abouti à donner un nouveau roi à la France avant qu'elle eût appris qu'elle n'en avait plus. Les applaudissements de l'assistance interrompaient l'avocat dans tous ses plaidoyers; il avait forcé l'admiration de l'indifférent lui-même. Cicéron n'a-t-il pas donné ce conseil à l'avocat dans son livre de l'orateur : « *Est igitur oratori diligenter providendum non ut illis satisfaciat quibus necesse est, sed et eis admirabilis esse videatur quibus libere liceat judicare* (1). »

C'est encore M. Marie qui donne ces deux consultations retentissantes, l'une sur le serment exigé des décorés de Juillet, l'autre à propos de la révision du jugement du maréchal Ney. Au bas de la consultation du barreau de Paris contre l'illégalité de l'état de siége, nous trouvons sa signature. C'est lui qui plaidait pour M. Hercule de Roche, coupable d'avoir dans son journal « *la Tribune* » accusé la Chambre des députés d'avoir agi sans mandat et d'avoir donné la couronne sans consulter la nation, qui, seule, eût pu légitimer cette étrange intronisation. « Grâce à sa puissante dialectique, dit la brochure citée tout à l'heure, l'orateur a su reprendre sous une forme nouvelle la théorie délicate de son client, rajeunir une discussion épuisée et obtenir l'acquittement de M. de Roche. » C'est M. Marie qui défend et fait acquitter Pépin et Jeanne, deux accusés impliqués dans les événements de Juin;

(1) L'orateur ne doit pas se borner à satisfaire le client qui a besoin de lui, il doit se faire admirer de ceux qui le jugent indépendamment de tout intérêt.

c'est lui qui plaide pour Cabet, auteur d'une histoire de 1830 (1), où il attaque la royauté du 7 août, comme coupable d'usurpation frauduleuse dans l'origine. Ses efforts sont encore une fois couronnés de succès, et quand il quitte la barre, son futur collègue du gouvernement provisoire, M. Dupont de l'Eure vient lui serrer la main en lui disant : « Vous avez fait une belle et bonne action. »

Et comme s'il devait trouver dans les dignités politiques la récompense légitime de ses efforts en faveur de ceux dont il partageait les convictions, en 1842, l'année même où le barreau l'appelle pour la seconde fois au suprême honneur du bâtonnat, il est élu député de Paris. Une vie nouvelle commence pour lui ; il n'aura plus à se débattre au milieu des difficultés d'une thèse juridique, son esprit rompu à toutes les questions de controverse, nourri dans l'étude des philosophes les plus distingués, sa vaste érudition, lui permettront d'aborder avec compétence, avec autorité, les matières graves que son rôle de législateur l'appelle maintenant à discuter.

M. Marie prend place à l'extrême gauche ; il fait entendre sa voix dans toutes les discussions importantes de l'époque et, sans insister plus longtemps sur cette partie toute politique de sa vie, sans raconter dans ses détails la célèbre campagne entreprise en faveur de la réforme, laissez-moi vous rappeler, Messieurs, son attitude à la fameuse séance du 24 février 1848. Sa logique ne lui permet pas d'admettre la régence de la duchesse d'Orléans; le premier il la déclare illégale et met en avant le premier la proclamation d'un gouvernement provisoire. Sa proposition est adoptée et M. Marie va prendre sa part des travaux du nouveau gouvernement comme ministre des Travaux publics. Aux élections générales de l'Assemblée

(1) *Révolution de 1830*, par Cabet, député de la Côte-d'Or.

constituante, le département de l'Yonne l'envoie à la Chambre en tête de sa liste. Il est élu sixième dans le département de la Seine, avec plus de 200,000 suffrages. Accueilli avec faveur par cette Assemblée, il fait partie de la commission du Pouvoir Exécutif et, lorsqu'après les journées de Juin, le pouvoir est confié au général Cavaignac, M. Marie remplace M. Senard à la présidence de l'Assemblée. Du 15 juin au 20 décembre il est ministre de la justice, après Bethmont, avant Odillon Barrot.

Jusqu'ici il a siégé avec le parti modéré, soit au gouvernement provisoire, soit dans l'assemblée constituante ; il a appuyé les poursuites contre Louis Blanc et Caussidière, il a attaqué ce qu'il appelle des idées plus chevaleresques que réelles, il a repoussé l'abolition de la peine de mort.

Après la nomination du prince Bonaparte il va s'asseoir à gauche et lutte avec le parti radical contre la politique présidentielle : l'événement allait justifier son opposition inflexible à celui qui devait tuer la République, ruiner le pays et, troisième Napoléon, amener une troisième invasion.

M. Marie ne fut pas nommé à l'Assemblée législative, soit effet de l'engouement qui s'attachait alors aux fallacieuses proclamations du président de la République, soit « ingratitude d'un parti qui fait payer cher à ses élus les courtes joies de la popularité. »

La politique le rendit au barreau et nous l'y retrouvons pendant plus de dix ans tel que l'a peint dans son dernier discours l'un des avocats les plus distingués de l'époque, l'honorable bâtonnier de l'ordre, Me Rousse, avec une vigueur et une vérité de ton inimitables, avec une finesse de traits si exquise, une science du détail si délicate et si sûre qu'il a fait revivre un instant, pour tous ceux qui l'ont connue, cette figure sympathique et regrettée. Aussi ne saurais-je mieux faire, Messieurs, que de citer tout entier devant vous ce portrait fait de main de maître : « M. Marie a été l'un des plus grands avocats de notre temps ; d'autres ont eu au Palais un emploi plus actif; il n'aimait ni le tumulte des audiences, ni la précipitation des causes vulgaires... mais il apportait dans les débats judiciaires comme dans les orages politiques, une large intelligence, une philosophie grave, une noblesse naturelle qui donnaient à sa parole une autorité partout respectée, et à son sujet, quel qu'il fût, une singulière grandeur... A voir sa taille haute, son geste énergique, cette tête antique, fine et dégagée, ce regard plein de jeunesse, ce visage imberbe, fouillé par l'âge et par l'étude; ces traits austères; à entendre cette voix émue, fatiguée, solennelle; à suivre les plis de la robe, obéissant avec harmonie à l'action de l'orateur, il semblait que ce fût un vieux Romain des beaux temps de Rome, un sénateur et non un tribun envoyé par les dieux pour nous faire aimer la République (1). »

C'est cette attitude si digne qui le recommandait en 1863 aux électeurs : il reprit dans la chambre sa place à gauche et, pour être un peu plus effacé, son rôle n'en fut pas moins efficace. Chez lui pendant six ans se réunirent tous les républicains de l'Assemblée et il présidait ces séances où l'on décidait de l'attitude à prendre en présence des grandes discussions soulevées par la politique impériale et dans lesquelles les objurgations, les conseils de quelques hommes éclairés et courageux ne purent ébranler les résolutions fatales d'un pouvoir aveugle qui courait droit à sa chute.

Ces admonestations inutiles, cet abandon inconsidéré de la politique nationale, ces folles entreprises qui prodiguaient inutilement le sang et les trésors de la France, les incommensurables malheurs qui devaient en être le résultat, la catastrophe finale, terrible, inévitable, que prévoyait M. Marie; tous

(1) Discours prononcé par Me Rousse à l'ouverture de la conférence, 2 décembre 1871.

ces maux usaient les forces, brisaient l'âme de ce grand patriote.

Mais, toujours fidèle à la loi du travail, il ne reculait jamais devant ce qu'il considérait comme son devoir. Éloigné de l'enceinte où nos lois s'élaborent, ne pouvant plus faire de lois il voulait encore faire des hommes et c'est dans ce but qu'il avait accepté la direction de notre conférence.

Nous le vîmes arriver un soir pâle, fatigué. Il avait bravé le mauvais temps pour venir jusqu'à nous. Il nous promettait de revenir bientôt. Trois mois plus tard, après ces cruelles attentes qui nous avaient tous tenus en suspens entre la crainte et l'espoir, le jour funeste arrivait.

C'était dans l'histoire de notre pays une solennelle époque; le gouvernement impérial se préparait à un acte fatal. Autour de M. Marie on se demandait pour quelles nouvelles aventures l'empire demandait un blanc seing. Sa mort fut un événement au milieu de ces graves préoccupations, tous les grands corps auxquels il avait appartenu escortèrent l'honnête homme qui avait des amis parmi les honnêtes gens de tous les partis. Devant cette tombe ouverte, aucun discours ne fut prononcé; telle avait été la volonté de ce mourant modeste jusque dans la mort. Quel éloge d'ailleurs eût été plus éloquent, Messieurs, que l'émotion de cette foule compacte, silencieuse, recueillie, qui l'avait conduit à sa dernière demeure. C'était la seule consolation qu'on pût offrir à une famille désolée d'avoir perdu un chef illustre, le lien commun, la gloire de tous.

Messieurs, on a essayé de dire que M. Marie était mort à temps avant d'avoir été témoin de nos misères et de nos hontes, avant d'avoir vu la patrie mutilée ; c'est une consolation que repousse sa vie tout entière. Il eût su dignement supporter sa part du malheur commun et lorsqu'une nécessité que l'on a cherché à discuter dans la suite, mais que personne n'a osé contester au principe, tant elle s'imposait inévitable, grâce à l'irrésistible logique des faits, amena à l'Hôtel de Ville ses collègues de la gauche, M. Marie avait sa place toute marquée dans les conseils du pays.

Mais s'il eût pris sa part de la peine commune, personne n'a le droit de dire qu'il eût été heureux de voir l'aurore d'une République nouvelle s'élevant pour tenter de sauver le pays : « Lui qui savait que l'amour de la patrie n'est ni la superstition d'une secte, ni le mot d'ordre d'un parti, ni le lieu commun d'une école, mais la loi même de notre race et l'amour qui donne la vie à tous les autres (1). » Cependant nous sommes peut-être autorisés, Messieurs, à dire en terminant, qu'il eût porté sur la situation un regard plus tranquille ; il eût été fier de voir, sous la direction de l'illustre vieillard, dont on ne peut parler qu'avec reconnaissance et respect, la République qu'il a tant aimée, se charger sans faiblir des fautes accumulées par ceux qu'il avait en vain essayé d'arrêter dans leurs téméraires entreprises. Et celui qui avait vu, c'est M. Marie lui-même qui le dit, celui qui avait vu « jeter à bas en trois jours une dynastie de tant de siècles dont les étrangers avaient prétendu ressusciter le cadavre ; » celui qui considéra toujours la monarchie de Juillet comme un gouvernement de fait, comme une erreur fatale et sans consistance ; celui qui avait entrevu les causes qui allaient précipiter un trône fait de sang et de boue dans une ruine éternelle, sanglante et honteuse ; se serait peut-être dit avec un légitime orgueil que les partis ne seraient plus assez audacieux ou assez forts pour renverser la République dans laquelle se personnifie aujourd'hui l'image sacrée de la patrie.

(1) Discours de Me Rousse.

www.ingramcontent.com/pod-product-compliance
Lightning Source LLC
LaVergne TN
LVHW010258230826
846091LV00007B/3036

* 9 7 8 2 0 1 1 7 6 4 3 1 7 *